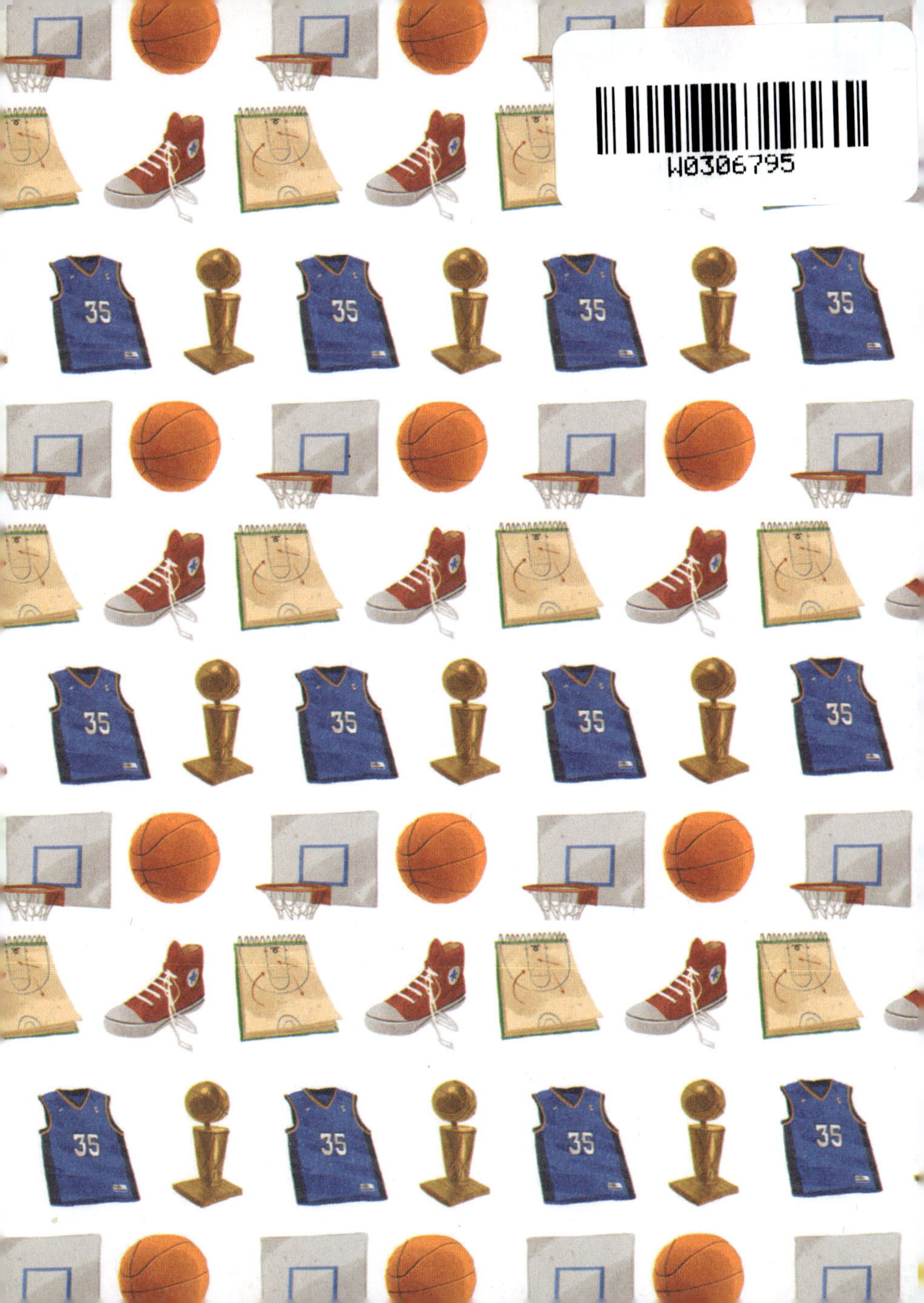

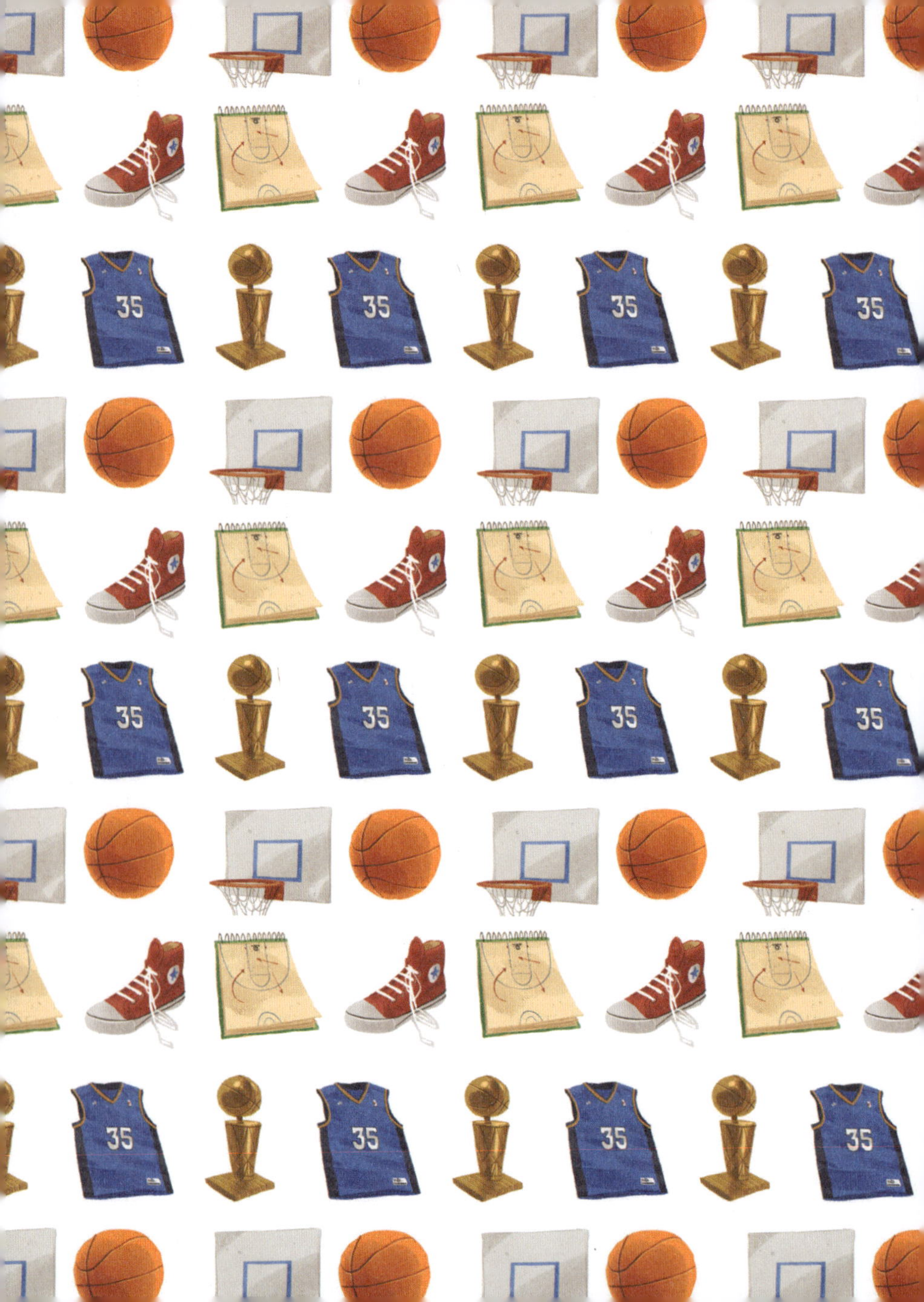
35

CAMPIONI

San Dorligo della Valle (Trieste)
ISBN 978-88-477-3568-2

www.edizioniel.com

CAMPIONI DEL BASKET

DI IERI E DI OGGI

raccontati da
LUCA COGNOLATO

illustrati da
MATTEO PIANA

EDIZIONI EL

INDICE

New York, 17/2/1963

MICHAEL JORDAN

C'è un ragazzo, in palestra, che sta facendo esercizi alla spalliera perché vuole crescere.
Alle medie prova a giocare a football, ma durante una partita per poco non lo fanno a pezzi e deve abbandonare il campo con una spalla lussata. Il padre lo vorrebbe giocatore di baseball, ma è troppo magro, troppo fragile.
Decide quindi di provare col basket, e papà James lo prende in giro, perché non è abbastanza alto. Lui sbuffa, inarca la schiena, spinge sui muscoli delle braccia e delle gambe, continua con le trazioni alla spalliera.
Sembra che non possa combinare niente di buono: a scuola non è bravo come James e Larry, i suoi due fratelli, e la mamma lo iscrive a un corso dove insegnano a fare le faccende di casa, convinta che bruttino com'è non troverà nemmeno moglie.
Ogni volta, prima di andare a letto, lui prega di crescere, di diventare alto due metri, come il cugino, e una sera, mentre si alza, sente un dolore alle ginocchia. È un dolore di crescita, e in pochi mesi guadagna dieci centimetri.
È nato un campione che in campo non ha rivali: Michael Jordan.

Larry Bird, giocatore solitamente di poche parole, alla fine di una partita commenta: – Ho visto Dio ed era vestito da Michael Jordan.
Michael ce l'ha fatta. Non ha mollato mai. Diventa il simbolo dei Chicago Bulls e forse del basket intero negli anni Ottanta e Novanta: persino gli studenti cinesi riconoscono il suo volto e in Italia sono pochi quelli che non hanno mai indossato una maglietta, un paio di scarpe o un cappellino con la sua sagoma che salta in aria o la scritta AIR.
Un giorno del 1993 papà James si ferma lungo l'autostrada per riposarsi. Due uomini si avvicinano, gli sparano e scappano via con i soldi e l'auto che gli ha regalato il figlio.
Alcuni giorni piú tardi, il 6 ottobre 1993, Michael annuncia al mondo che intende dedicarsi al baseball, la passione di suo padre. Il mondo del basket si mette a lutto e persino i ragazzi nei campetti giocano con la fascia nera.
Il baseball è una nuova sfida, un omaggio al padre, ma il basket resta la sua vita. Cosí, nel 1995 annuncia il suo ritorno in NBA con la semplice frase «*I'm back*», «sono tornato». Sempre pronto per nuove sfide.
Ritirando il piú grande premio alla carriera, commenta con tranquillità: – Spesso i limiti, come le paure, sono solo un'illusione.

BULLS
23

West Baden Springs,
7/12/1956

LARRY BIRD

Da French Lick, una piccola città difficile da trovare sulla carta geografica, un nuovo studente è appena arrivato nella grande università dello Stato dell'Indiana. Al coach hanno detto che sa stupire tutti con le sue doti di tiratore e rimbalzista, ma lui non fa in tempo a vedere granché, perché Larry Bird decide di tornarsene in fretta a casa sua, a guidare il camion della nettezza urbana. Per un campagnolo l'università non va bene, si sente male in una città cosí grande e non è abituato a vedere tanta gente tutta assieme. Meglio girare per le vie conosciute della propria città e raccogliere le immondizie.

Larry è proprio un *Hoosier*. Cosí vengono chiamati i discendenti degli immigrati tedeschi, olandesi o svedesi nello Stato dell'Indiana. Sono tipi taciturni, scontrosi, con i capelli biondi e gli occhi chiari. Alcuni credono che questo soprannome derivi da *Whose ear?* cioè la domanda che poneva inevitabilmente il giudice alla fine delle frequenti risse: «Di chi è l'orecchio che hanno staccato a morsi, stavolta?».

Per la fortuna del basket, gli amici di French Lick lo convincono a ritornare all'università e a lasciare

DEPARTMENT
OF
SANITATION

il camion per un pallone. Cosí nasce il piú grande giocatore bianco degli anni Ottanta, la «leggenda» dei Boston Celtics, la squadra col trifoglio verde.
– Io non ho mai guardato il colore della pelle, – commenta Larry. – In quegli anni ero troppo impegnato a vincere.
Però nell'epica sfida tra Boston e Los Angeles, costa est contro costa ovest, i giornalisti sportivi fanno di lui l'alfiere di una squadra di bianchi contro una squadra di neri. E i tifosi si schierano con il bianco o con il nero, ai lati opposti della scacchiera del basket.
L'alfiere bianco muove e vince. Nella finale NBA al meglio di sette partite del 1984, Boston vince 4 a 3 e Larry Bird viene nominato miglior giocatore delle finali NBA.
La sfida sembra decisa, ma i Lakers preparano la loro contromossa.

CELTICS
33

Lansing, 14/8/1959

EARVIN JOHNSON

Il papà di Earvin «Magic» Johnson abbandona il Mississippi razzista per lavorare in una fabbrica che costruisce automobili nel Michigan e mantenere i suoi sette figli. A loro insegna che potranno sempre fidarsi del basket, ma mai di un bianco.
Con queste indicazioni e con un paio di scarpe di tela rossa, il piccolo Earvin inizia la sua carriera di campione e con i suoi 2,06 metri diviene uno dei play piú alti e piú famosi della storia del basket. Sfrutta al massimo le sue doti di palleggio, l'abilità nei passaggi dietro la schiena e realizza degli *alley-oop* da brivido, invitando i compagni a schiacciare praticamente dal cielo.
Per la rivincita contro i Boston Celtics, i Lakers di Los Angeles fanno scendere in campo proprio lui, travolgente, nero e gran chiacchierone: l'esatto contrario del taciturno e bianco Bird.
Nella stagione 1984-85 battono i Celtics in finale, dopo aver dominato tutte le squadre dell'Ovest. Un colpo ancora piú grosso lo fanno nel 1987 quando, oltre alla vittoria, Magic può fregiarsi del doppio titolo di miglior giocatore e miglior giocatore delle finali e di un gancio cielo a sorpresa, in stile Kareem Abdul-Jabbar.

LAKERS
32
33
NBA

La sfida piú importante, però, non è quella in campo. Nel 1991 Magic scopre di aver contratto il virus dell'HIV e annuncia il proprio ritiro. Da quel momento si batte, tra ritorni al basket e nuovi ritiri, perché nessuno venga emarginato a causa del colore della pelle o dello stato di salute. In quei giorni dolorosi, mentre lotta per non morire e per farsi accettare, ha al suo fianco l'amico e avversario dei Celtics: Larry Bird.
Sono sempre stati sui lati opposti del campo, ma il rispetto reciproco non è mai mancato. L'amicizia profonda nasce durante uno spot di scarpe da basket, girato nel giardino di casa Bird, quando la mamma di Larry confessa a Magic che è lui il suo giocatore preferito e che, se il figlio lo tratta male, ci penserà lei a metterlo a posto.
Finiscono tutti seduti attorno al tavolo da pranzo, come in una bella favola.
In una sfida che è stata solo sportiva, il cavallo nero ha fatto la sua mossa e ha dato scacco matto a tutti quei giornalisti e a quei tifosi che avrebbero voluto Magic e Larry nemici e non avversari soltanto in campo.

LAKERS
32

Filadelfia, 21/8/1936
Los Angeles, 12/10/1999

WILTON CHAMBERLAIN

Wilton Chamberlain è nato già lungo, spaventando sua madre. A quindici anni ha scelto il basket, ma solo per far colpo sulle ragazze. Prima di arrivare a giocare con i Warriors ha fatto il facchino in un hotel, incerto fino all'ultimo su quale lavoro scegliere, attratto dalle mance che gli ospiti gli lasciavano per poter ammirare quel gigante infilare le valigie attraverso la finestra del primo piano.

Quando il 2 marzo del 1962 esce dallo spogliatoio, il pubblico seduto sugli spalti della Hershey Arena in Pennsylvania non si aspetta una grande partita: i Warriors di casa affrontano una delle squadre ultime in classifica, i Knicks di New York.

Wilt si guarda attorno poco convinto e assonnato, mentre i compagni si riscaldano. Non ha dormito la notte precedente, prima di salire in fretta sul treno per Filadelfia, e non si sente in forma.

Sulle braccia ha ancora i segni dei morsi dei difensori - anche tre o quattro - che lo hanno marcato nella partita precedente, ma per lui sono quasi delle medaglie, un riconoscimento della sua pericolosità. Infatti ha promesso di segnare cento punti in una sola partita ed è cosí testardo che potrebbe fare sul serio.

Nel terzo quarto il pubblico distratto si sveglia di colpo e ha il sospetto che la minaccia si stia avvicinando, perché ne ha già realizzati sessantanove. Tutti urlano: «Palla a Wilt!», e lui, con testardaggine e coraggio, continua a sfondare la difesa avversaria, fino ad arrivare a ottantanove punti.
Il giocatore che deve marcarlo è piú basso di almeno dieci centimetri, quindi i Knicks cominciano a tener palla e a bloccare i passaggi, anche a costo di falli a ripetizione, ma lui è una bomba che non si fa disinnescare. A 39 secondi dalla fine salta in cielo e schiaccia a due mani: cento! Il campo viene invaso da quattromila spettatori festanti.
Il fotografo ufficiale purtroppo se ne è andato al primo quarto. Ci penserà il papà di un piccolo tifoso a prendere la pagina di un blocco, scriverci sopra «100» e metterla in mano a Wilt. Una delle foto piú famose di sempre.

100
PHILA
13

Lagos, 21/1/1963

HAKEEM OLAJUWON

In un campo polveroso di Lagos (Nigeria), sotto a un sole che spacca la terra, due squadre di ragazzi si affrontano in una partita a calcio. Un americano con un buffo cappello e la camicia a fiori ha parcheggiato la sua auto all'ombra, non lontano dal campo. Beve una bibita ghiacciata e fa passare il tempo.

Il ragazzo lungo lungo, che sta in porta, ride malgrado il caldo torrido e para ogni tiro con dei balzi spettacolari. Alla fine della partita l'americano, che gira per i Paesi dell'Africa a insegnare il gioco del basket, è convinto di aver trovato qualcosa di buono e lo invita a mangiare con lui.

Hakeem Olajuwon inizia cosí la sua avventura nel basket e, qualche anno piú tardi, sale su un aereo perché invitato da alcune università americane. La prima tappa è New York, ma non resiste molto: per lui, abituato al sole africano, freddo e neve sono insopportabili. Fugge dalla Grande Mela e si dirige a Houston, in Texas, dove il clima è sicuramente piú caldo. Senza un dollaro in tasca prende un taxi fuori dall'aeroporto e arriva dal nuovo allenatore con due giorni di anticipo.

Il coach, meravigliato, paga l'autista e porta il gio-

catore africano in palestra. La seconda sorpresa è che il gigante che ha di fronte è un vero guerriero yoruba, agile, forte, coraggioso... ma conosce a mala pena i fondamentali del basket.
Per fortuna c'è un grande giocatore come Moses Malone che si diverte a massacrare sul campo il nuovo arrivato, trasformandolo in quello che sarà conosciuto come The Dream.
Il gioco di Hakeem è fatto di potenza fisica, ma con un trucco prima di andare a canestro che spiazza i difensori: il *dream shake*. Prende la palla, sembra che ci abbia ripensato, rinuncia, all'ultimo va su e tira. Canestro.
È un giocatore da tremila stoppate e duemila palle rubate, che gioca e vince anche quando si astiene dal bere e dal mangiare. Eh sí, perché Hakeem è molto religioso e rispetta i precetti di ogni buon musulmano: durante il Ramadan, di giorno non può né bere né mangiare, nemmeno quando gioca una finale importante.

HOUSTON
34
Rockets

Aliquippa, 22/6/1947
Pasadena, 5/1/1988

PETER MARAVICH

Peter «Pistol» Maravich a otto anni è seduto in tribuna, mentre i giocatori allenati da suo padre si riscaldano. Si annoia e si avvicina a uno spilungone che sta provando il tiro.

– Facciamo una sfida al meglio di dieci? – gli dice, guardando dal basso verso l'alto.

L'altro ride, tira e fa canestro. – Chi perde paga, – insiste e indica il distributore automatico di bibite. Qualcuno interrompe l'allenamento e si ferma a guardare.

Poco dopo Pete esce con una ventina di bottigliette tra le braccia.

Suo padre Petar è un serbo immigrato in America, pilota di aerei durante la Seconda guerra mondiale e allenatore di basket in tempo di pace. Ha deciso che almeno uno dei suoi figli diventerà un campione. Per il suo secondo compleanno Pistol riceve: una torta, due candeline, una trombetta e un pallone da basket. Spente le candeline, mangiata la torta e rotta la trombetta, rimane solo quel pallone, che lo accompagnerà per tutta la vita. Sí, perché il padre inventa per lui una serie di esercizi molto fantasiosi e duri. Provate a palleggiare bendati con dei guanti da forno o sul prato subito dopo un temporale. Se

non vi basta, distendetevi sul sedile posteriore di un'auto, aprite la portiera e cominciate a palleggiare, mentre vostro padre accelera un po' alla volta. Per quanto tempo bisogna allenarsi, secondo papà Maravich? Il giusto: nove ore tutti i giorni, dai cinque anni in su. Non di piú, perché occorre dormire, mangiare e andare bene a scuola.

Il soprannome Pistol, Peter se lo guadagna facendo partire la palla dal fianco, come se estraesse una pistola. Diventa un mito, a cui i fan rubano le calze messe ad asciugare durante gli anni dell'università, un tiratore che segna triple da posizioni incredibili.

Come finisce la carriera di un fenomeno del genere? Dopo l'ultima partita con i Celtics (1980) si ritira a causa di un infortunio e aspetta gli UFO, sicuro che atterreranno presto sulla Terra.

Non li vedrà mai perché otto anni piú tardi, durante una partitella in una scuola, cade a terra e non si rialza piú. È morto sotto canestro.

Il medico che esegue l'autopsia si stupisce: – Quest'uomo non ha una delle arterie che portano il sangue al cuore. Sarebbe dovuto morire prima di finire la crescita.

Il grande Pete aveva appena smesso di crescere.

ATLANTA
44

Atene, 6/12/1994

GIANNIS ANTETOKOUNMPO

L'uomo seduto al bancone del bar guarda i Milwaukee Bucks dominare la partita. Ogni tanto alza il bicchiere verso il televisore appeso al muro e poi manda giú un piccolo sorso. Dopo un po' tocca il gomito dello sconosciuto accanto a lui.
– Vede il numero 34, quello che ha appena portato via la palla, quello col cognome impossibile da pronunciare?
– Giannis Antetokounmpo? – lo contraddice l'altro.
– Proprio lui, se non era per me non giocava neanche. L'ho portato io alla sua prima partita qui a Milwaukee, con la mia auto.
L'altro controlla il bicchiere mezzo vuoto e alza gli occhi al cielo.
– Stavo tornando a casa con la mia ragazza, quando vedo questo tizio di piú di due metri correre come un pazzo sul marciapiede. Mi fermo al semaforo, e anche lui si ferma e prende fiato. Allora gli chiedo dove sta correndo.
L'altro si limita a bere in silenzio.
– «Sto andando alla partita di basket», mi risponde. E io che sono buono per natura gli dico: «Salta su, che anche noi andiamo da quelle parti».
Sale e ci fa un gran sorriso. Ci racconta che la sua

famiglia viene dalla Nigeria ma lui è nato in Grecia, ad Atene. Per vivere ha venduto orologi e vestiti tarocchi, perché erano clandestini, sempre con la paura di essere presi dalla polizia greca e rimandati indietro. Lei sa dov'è Atene?
L'uomo fa sí con la testa.
– Ci racconta che farà venire in America anche i genitori e che è per questo che sta andando allo stadio a piedi: perché ha spedito a loro tutti i soldi che gli hanno dato e non ne ha piú per il taxi.
Sullo schermo Giannis vola in aria per intercettare una palla pericolosa.
– C'è traffico, ma io gli dico che riuscirà comunque a vedere la partita, se ha già il biglietto. Lui fa una faccia preoccupata, ed è allora che la mia ragazza lo riconosce. «Tu sei The Greek Freak, il fenomeno greco. Tu non vai a vedere la partita, tu vai a giocare!»
L'uomo distoglie lo sguardo dallo schermo.
– «Sí». Sorride, ci ringrazia, scende dall'auto e ricomincia a correre. Incredibile, vero?
L'uomo al bancone accanto a lui riprende a guardare la partita in TV e mormora: – Non ci credo. Ma se la storia è vera, Giannis, non avrà fatto il riscaldamento prima della partita.

BUCKS
34

Almonte, 6/11/1861
Lawrence, 28/11/1939

JAMES NAISMITH

L'inverno a Springfield, nel Massachusetts, è particolarmente freddo e nevoso. Per questo motivo il direttore del college maschile incarica i docenti di trovare un'occupazione per quei ragazzoni muscolosi e iperattivi, che non sia sfasciare la scuola o organizzare scherzi nei dormitori.
I professori sono tutti d'accordo che se ne deve occupare il docente di educazione fisica, e lui passa l'incarico al suo giovane assistente, James Naismith, con una lista di indicazioni per la nuova attività:
- da giocare al coperto, visto che fuori la temperatura è 20 gradi sottozero;
- divertente, per evitare di dover andare in giro per il college a recuperare gli studenti che si nascondono;
- non violenta, perché già la stagione del football ha rischiato di far interrompere gli studi a diversi ragazzi;
- e soprattutto molto economica, perché il college non ha soldi da spendere.

Questo trentenne canadese, nato in un villaggio di boscaioli nelle foreste intorno al lago Ontario, ci pensa tutta la notte e gli vengono in mente tre attività che potrebbero fare al caso suo.

La prima la scarta quasi subito, perché andare a tagliar legna non si fa al coperto e a lungo andare non è cosí divertente. Il Duck on a Rock, un gioco che faceva da bambino in cui si colpisce con un sasso un altro sasso fino a farlo cadere e poi si scappa per non farsi catturare, è troppo da piccoli. La terza sembra la soluzione migliore: il Pota-pok, un antico gioco maya, con degli anelli di pietra verticali e un pallone di gomma. Peccato che la squadra perdente vada sacrificata agli dèi e che sia ammesso che i giocatori muoiano nello sforzo. All'alba si alza, convinto che sarà licenziato e che gli studenti distruggeranno la scuola. Poi l'intuizione: fonderà le ultime due idee, userà la palestra, fisserà due ceste su pali nelle quali due squadre dovranno far entrare una palla da calcio usando solo le mani. La scuola non spenderà un dollaro e rinuncerà ai sacrifici umani. Scrive in velocità le prime tredici regole di questo nuovo sport, l'unico di cui conosciamo esattamente come sia nato e quando.
Quel Natale del 1891 i ragazzi di Springfield iniziano a giocare a «metti la palla nel canestro». E da allora non hanno piú smesso.

Trenton, 13/5/1961

DENNIS RODMAN

A Dallas, in Texas, nello stesso quartiere dove è stato arrestato l'assassino del presidente John F. Kennedy, un ragazzo gioca a flipper, accanto al frigo della Cola. La pallina schizza in alto e poi torna giú, facendo scampanellare i punti. I suoi amici e i pochi clienti del bar minimarket non sono presi dalla partita. Il punteggio non è granché, ma è impossibile non ridere guardando il modo in cui il piccolo giocatore si dimena. Sembra un grosso verme intrappolato. Questo è il motivo per cui tutti conoscono quel ragazzino come The Worm, «il Verme». Alcuni anni piú tardi e parecchi centimetri dopo, questo soprannome resta appiccicato a Dennis Rodman anche in NBA.
Per sette volte miglior rimbalzista, in campo è originale e imprevedibile: pronto alla rissa con Shaq (quindici centimetri e quaranta chili di muscoli in piú), felice di cadere tra le cheerleader dei Bulls ma infastidito dai fotografi a bordo campo che a volte prende a calci. Sfoggia su ogni parte del corpo una vera pinacoteca di tatuaggi e i suoi capelli una sera sono arancioni, quella dopo viola leopardati.
Fuori dal campo The Worm dà il meglio della sua stravaganza. Alla presentazione della sua autobio-

grafia arriva vestito da sposa. Viene votato peggior esordiente, quando decide di fare l'attore. Campione di wrestling, ispiratore di un videogioco e di un personaggio dei manga giapponesi, dopo la sua uscita dall'NBA, nel 2005 gioca ancora con i messicani Tijuana Dragons, con i Torpan Pojat della Lega di basket finlandese e conclude con gli inglesi Bears.
Sbalordisce anche chi conosce già le sue pazzie diventando grande amico del dittatore nordcoreano Kim Jong-un che, quando andava a scuola, si faceva vedere spesso con la canotta dei Bulls di Rodman e che lo invita piú volte nello Stato, dove persino Barack Obama non riesce a entrare.
– Sono una persona molto nota, – afferma Dennis col suo sorriso inquietante. – Nel mondo vengo subito dopo Dio, Gesú, Muhammad Alí e Barack Obama.
Il suo nome è nel Naismith Memorial Basketball Hall of Fame, ma The Worm sta aspettando di ricevere il Nobel per la Pace.

BULLS
91

Prijepolje, 3/2/1968 (D.V.)
Sebenico, 22/10/1964
Denkendorf, 7/6/1993 (D.P.)

DIVAC VLADE E DRAŽEN PETROVIĆ

Divac Vlade a ventun anni lascia la Jugoslavia e atterra per la prima volta negli Stati Uniti, a Los Angeles. Conosce pochissime parole in inglese, oltre a «hot dog» e «coke», ma ha attraversato l'oceano per giocare nell'NBA. È spaesato e spaventato, ma impressiona subito i tifosi dei Lakers.

Poco dopo arriva un altro jugoslavo, Dražen Petrović, chiamato il Mozart del basket. È probabilmente il miglior giocatore in Europa e ha già vinto tutto il possibile al di qua dell'oceano, ma non riceve l'accoglienza che si aspetta.

Sono due opposti: Vlade è un entusiasta degli Stati Uniti, che scherza, ride e chiacchiera di tutto. Petrović è chiuso, vive unicamente per il basket e parla solo di quello. Vlade si prende cura di lui come un fratello maggiore, lo consiglia e lo sostiene. Quando sono in trasferta con la nazionale jugoslava, vengono sempre messi in camera assieme. Il silenzioso e scontroso Mozart ha bisogno del gigante che lo faccia ridere e socializzare con i compagni, che in campo lo vedono come un egoista.

44

Alla finale dei Mondiali del 1990 in Argentina, mentre in patria sta per scoppiare una guerra civile tra serbi e croati, la Jugoslavia affronta l'Unione Sovietica e vince 92 a 75.
I tifosi scendono in campo a festeggiare assieme ai giocatori.
Un uomo mette in mano al serbo Vlade una bandiera jugoslava con al centro uno scudetto croato, una bandiera di divisione in quel momento. Lui, che sta festeggiando una vittoria sportiva per la Jugoslavia intera, afferra la bandiera, la butta via infastidito e continua ad abbracciare i compagni che urlano: «Jugoslavia».
È l'ultima volta in cui i due grandi amici si abbracciano sorridenti. L'indomani i giornali serbi descrivono Vlade come l'eroe contrario alla divisione della nazione; dall'altra i croati lo disprezzano come un nemico che li ha offesi.
Quando il croato Petrović lo scopre, interrompe ogni contatto. A chi lo intervista risponde soltanto:
– Vlade? Sí, una volta eravamo i migliori amici.
Le guerra scoppia, crudele e insensata. Divac Vlade cerca di parlare all'amico, illudendosi che un'amicizia non possa finire cosí, ma l'altro si nega sempre.
Nel 1993 Drazen Petrović muore in un incidente d'auto in Germania, senza aver mai perdonato.
Vlade, a guerra finita, va in Croazia, per far pace con Petrović almeno sulla tomba.

NETS
3
KINGS
21
SPALDING

New York, 16/4/1947

KAREEM ABDUL JABBAR

Il figlio di un poliziotto musicista e di un'infermiera vorrebbe fare l'insegnante, per cambiare il mondo partendo dalla scuola, ma poi decide di provare a farlo partendo dal basket.
Studente scorbutico, con due orecchie decisamente a sventola, non particolarmente apprezzato dalle ragazze perché troppo lungo e magro, viene preso in giro dai compagni perché non è abbastanza nero. Ma con la palla in mano ci sa fare e quando schiaccia a canestro tutti fanno «ohhh».
Tra il 1967 e il 1976 il basket universitario americano vieta le schiacciate e allora lui decide di stupire con qualcos'altro. È cosí che Kareem Abdul-Jabbar aggiunge alle stoppate e ai tiri di precisione una sua personale invenzione: il celeberrimo gancio cielo, un tiro a parabola che dall'alto piomba imprendibile giú nel canestro.
Dopo venti stagioni NBA si ritira, ma assicura che la voglia di cambiare un po' il mondo gli è rimasta. Con il suo gancio cielo di sicuro ha cambiato la storia del basket.

LAKERS
34
34
34

Newark, 6/3/1972

SHAQUILLE O'NEAL

Se il cognome O'Neal può far venire in mente la dolce campagna irlandese, la musica delle cornamuse e sorridenti folletti con pentole piene d'oro alla fine dell'arcobaleno, Shaquille O'Neal è invece quanto di piú simile a un frigorifero scuro in accelerata che si possa trovare.
Altezza 2,16 metri per quasi centocinquanta chili, porta scarpe numero 57, anche se nessun frigorifero che io abbia mai visto è dotato di muscoli e mani del genere. In campo domina, specialmente sotto canestro. Ha vinto quattro campionati NBA e per tre volte è stato miglior giocatore delle finali. In due occasioni, contro i New Jersey Nets e contro i Phoenix Suns, ha polverizzato il canestro avversario con una schiacciata. Lakers e Heats hanno ritirato le sue maglie, la numero 34 e la 32.
Forse è un po' vendicativo. Quando i Los Angeles Clippers hanno voluto fargli pagare i biglietti per i suoi familiari, lui si è vendicato segnando sessantun punti. Quindi, se doveste incontrarlo, non ditegli che l'ho paragonato a un frigorifero, perché quell'uomo non ha gli addominali a tartaruga, ma sembra si sia mangiato una testuggine intera.

Monroe, 12/2/1934

WILLIAM RUSSELL

Negli anni Cinquanta un ragazzo magro e ossuto frequenta una scuola malfamata per soli neri, perché la madre gli ripete che l'istruzione è importantissima per chi non vuole farsi fregare dai bianchi, a costo di rinunciare anche ai vestiti nuovi. Suo nonno, cresciuto in Louisiana, dove i neri non potevano andare a scuola, ha costruito con le proprie mani una casetta di legno, con i banchi, una lavagna e la cattedra. In famiglia gli ripetono che c'è un limite oltre il quale non si deve permettere a nessuno, nemmeno a un bianco, di andare: è il limite del rispetto. E per quello si combatte.
Questo ragazzo verrà chiamato a giocare per l'università di San Francisco, dove i neri sono pochissimi e lui, che non riesce a fidarsi di nessun bianco, giocherà male.
Sarà il coach dei Boston Celtics, la squadra accusata di essere un team per soli bianchi, a far esplodere il gioco in aria di William «Bill» Russell, fatto di stoppate e rimbalzi, assist e velocissimi contropiedi.
A chi vi racconterà la bugia dei Celtics che guardano al colore della pelle, potrete ripetere questa storia. Perché il basket è giocare a colori.

CELTICS
6

MILWAUKYE
1

Charlotte, 24/11/1938

OSCAR ROBERTSON

Oscar Robertson raggiunge l'armadietto. Un gruppo di atleti lo saluta con la mano e una ragazza gli sorride. Grazie a lui, la sua scuola per soli neri sta vincendo tutte le partite.
Quando lo apre fa un salto. Un gatto nero dondola impiccato sopra ai suoi libri. Non ci vuole molto a capire chi è stato: tre grosse K, tracciate col sangue all'interno. Il Ku Klux Klan, un'associazione segreta, non vuole che lui sia un eroe. Un negro, come lo chiamano, non deve montarsi la testa, altrimenti finisce molto male.
Glielo ripeteranno continuamente anche quando sarà l'unico in una squadra di bianchi: al ristorante a fine partita, quando lui non può entrare a festeggiare con i compagni una vittoria che è merito suo; in trasferta, quando deve dormire in una camera speciale con un letto e un materasso per negri, perché negli alberghi del Sud nessun bianco vorrebbe stendersi dove ha dormito lui.
The Big O potrebbe lasciar perdere, ma non si arrende: tre volte miglior giocatore con i Cincinnati Royals, grazie a lui i Milwaukee Bucks vincono il titolo NBA; segnerà 26 710 punti in carriera.

Filadelfia, 23/8/1978

KOBE BRYANT

Domenica 29 novembre 2015 il «Players' Tribune», una rivista sportiva americana, riceve un'appassionata lettera d'amore. Chi scrive confessa la fine di un amore durato vent'anni, di aver dato tutto per quell'amore, di aver ricevuto in cambio tanto dolore, ma anche di essersi sentito vivo in una continua sfida.

L'innamorato è Kobe Bryant, il giocatore che ha fatto impazzire il pubblico, che è amato per quello che sa fare in campo e odiato per quello che non lascia fare agli altri, a volte nemmeno ai suoi compagni.

In poche righe il Mamba Nero confessa di aver amato alla follia il basket, fin da quando, bambino, provava i primi canestri in Italia. Il ragazzo che sognava i Lakers e ha indossato proprio quella canotta giallo viola nell'NBA avvisa il mondo che, dopo vent'anni, sente che è arrivato il momento di lasciar andare l'amore della sua vita. Lui però resterà per sempre il bambino che faceva canestro nel cesto delle immondizie, sognando gli ultimi cinque secondi.

Come bacio d'addio, durante l'ultima partita, guida una rimonta vincente con sessanta punti a canestro.

LAKERS
8

OKLAHOMA
CITY
35

Washington, 29/9/1988

KEVIN DURANT

Kevin Durant viene cresciuto dalla nonna materna, che gli insegna che nella vita bisogna migliorare un po' ogni giorno. Crescendo, trova una specie di papà nel suo coach, Charles Craig, e capisce che la sua strada è il basket.
Quando a trentacinque anni Craig viene assassinato e la nonna non è piú al suo fianco, Kevin decide che indosserà solo la maglia numero 35 e continuerà a migliorarsi sempre, in loro ricordo.
Se uno è già tra i migliori giocatori al mondo, come fa a migliorare ancora? Ci vuole un personal trainer: Justin Zormelo.
Non è un ex campione di basket né un motivatore, come quelli delle stelle di Hollywood. È piuttosto un maniaco del computer, che gli fa vedere a monitor tutti gli errori delle partite. Perché se qualcosa non è perfetto, basta ricominciare dall'inizio, come nei primi allenamenti con Craig.
Grazie a un impegno continuo, Kevin spaventa le difese avversarie meritandosi un soprannome che sembra il titolo di un vecchio film di fantascienza, con ragni giganteschi che attaccano la Terra: Durantula. E il suo attacco parte dai fondamentali.

Roosevelt, 22/2/1950

JULIUS ERVING

Al liceo, Julius Erving non sopporta un suo compagno di squadra un po' troppo chiacchierone, uno di quelli che sono convinti di sapere tutto. Cosí gli affibbia il soprannome «il Professore». E quello per vendetta comincia a chiamarlo «il Dottore». Tutto sarebbe rimasto nei ricordi di scuola se Erving, a un giornalista che a fine partita gli chiede come devono chiamare un fenomeno come lui, non rispondesse: – Chiamatemi The Doctor, come sempre.

Appena c'è un'emergenza sotto canestro, Doctor J. arriva volando, conquista il pallone e si alza sugli avversari, galleggia in aria come se non dovesse piú scendere a terra, aggiusta la posizione e schiaccia a canestro.

Per gli avversari lui è *dunk man*, il fenomeno delle schiacciate, ma per i compagni di squadra è il Dottore, quello che risolve le situazioni disperate.

Uno cosí non smette di schiacciare nemmeno quando l'età avanza. L'ultima l'ha messa giú a sessantatre anni. E non c'è stato bisogno di chiamare nessun dottore.

NETS
32

DALLAS
41

Würzburg, 19/6/1978

DIRK NOWITZKI

La Germania non è la prima nazione che ci viene in mente, quando parliamo di basket. Piú birra e salsicce.
Eppure Dirk Nowitzki è il primo europeo a essere diventato miglior giocatore delle finali NBA, nonché ad aver raggiunto la meta per pochi eletti dei trentamila punti. È anche lo straniero che ha partecipato a piú All Star Game, cioè a quella sfida tra le due coste degli Stati Uniti dove i giocatori delle due squadre sono scelti dai tifosi americani.
Come ha fatto? C'è voluto un allenamento speciale, ideato per lui da Holger Geschwindner, coach ed ex giocatore della nazionale tedesca, per trasformare un ragazzo troppo alto e imbranato in Wunder Dirk.
Il programma prevede: imparare a suonare almeno un paio di strumenti, leggere romanzi e saggi, ascoltare musica jazz e prendere qualche lezione di danza, vogare sotto il sole e la pioggia, lavorare nei campi. Tirare da posizioni mai viste: su una gamba sola o in spaccata. Ah, e fare un viaggio avventuroso nel deserto dell'Australia.
Non male, per due tedeschi.

Akron, 30/12/1984

LEBRON JAMES

Quell'uomo con la scritta WE ARE FAMILY sulla maglietta è specializzato in canestri a pochi secondi dalla sirena finale e in aiuti ai bambini poveri. Uno dei suoi sponsor gli ha versato un miliardo di dollari e guadagna sessanta milioni all'anno. Ha sposato la bellissima fidanzata del liceo, è stato invitato alla Casa Bianca e ha un pass per entrare in qualsiasi pizzeria di una famosa catena e mangiare tutta la pizza che vuole!
Okay, adesso potete richiudere la bocca e smetterla di spalancare gli occhi, perché la vita di LeBron James non è sempre stata cosí meravigliosa.
È cresciuto in un quartiere di Akron, in Ohio, che durante una gita si cerca di evitare: strade malfamate e sporche, spacciatori accanto alle altalene dei bambini, delinquenti che vi spiano feroci.
Era piccolo quando suo padre lo ha abbandonato e lui e la madre hanno dovuto farsi ospitare dagli amici, perché troppo poveri per avere una casa. Oggi avrebbe potuto essere uno spacciatore o un delinquente, ma il suo motto è sempre stato: «Niente ti è dovuto, devi guadagnarti tutto».

CAVS
23

SUNS
13

Johannesburg, 7/2/1974

STEVEN NASH

Nelle grandi rapine in banca, il tempo è tutto: o sei veloce o sei preso. Per questo bisogna avere il genio dell'improvvisazione. La stessa cosa accade nel basket.

Steven Nash non solleva pesi in palestra, dorme con regolarità, mangia sano e pensa molto. Ha una faccia normale e un fisico non da superman, anche se praticamente non c'è sport che non abbia provato.

Ha due anni quando la famiglia abbandona il Sudafrica dell'apartheid e si trasferisce in Canada.

Qui Steven si butta in tutti gli sport che gli capitano: se la cava bene a pattinare sul ghiaccio, a giocare a hockey, curling, calcio, tennis e riesce a farsi notare persino negli scontri duri del lacrosse (gioco degli antichi pellerossa). I genitori lo vedono già calciatore, come il fratello e la sorella, ma lui stupisce tutti annunciando che giocherà a basket.

Entusiasmerà i Phoenix Suns con la sua regola: non si tiene mai la palla per piú di sette secondi.

Regala al basket diciassettemila punti e piú di diecimila assist. Dopo il ritiro questo calciatore mancato si è comprato l'81 per cento del Real Maiorca, una squadra di calcio spagnola.

Hampton, 7/6/1975

ALLEN IVERSON

Per i Philadelphia 76ers, nel 1996 Allen Iverson fu davvero The Answer, «la Risposta».
Non molto alto, durante gli anni delle superiori è giocatore dell'anno per lo Stato della Virginia nel football e nel basket. Il suo segreto: non voler perdere mai.
Invece rischia di perdere ogni cosa proprio quando potrebbe vincere tutto. A diciassette anni viene coinvolto in una mega rissa tra bianchi e neri in un bowling. Condannato a quindici anni di prigione, sembra debba chiudere con il basket e con la sua vita.
È sua mamma, di soli quindici anni piú vecchia, a ottenere per lui la grazia dal governatore e una rinnovata fiducia dall'allenatore di Georgetown.
Da quel momento Allen fa di tutto per dimostrare che non è un delinquente e per ricompensare chi ha creduto in lui, con un gioco vincente e senza risparmio, una furia scatenata.
Ecco perché mamma Iverson alle partite si piazza orgogliosa a bordo campo con un cartello che dice THAT'S MY BOY («quello è il mio ragazzo»).

EAST
3

GOLDEN STATE
30
WARRIORS

Akron, 14/3/1988

STEPHEN CURRY

La sua casacca è la piú venduta sul sito NBA, quella che si vede piú spesso nei campetti, in metropolitana o nei corridoi delle scuole americane. Stephen Curry nasce nella stessa città di LeBron, ma se ne va via quasi subito, perché il padre è un giocatore di basket degli Hornets di Charlotte, come saranno entrambi i suoi figli.
Stephen riesce a fare canestro da otto, anche nove metri di distanza. È l'uomo dei tiri da tre punti, che studia ogni mossa prima della partita. È un angelo e un diavolo.
Quando tira, sembra abbia le ali e la squadra sa che il gioco è in buone mani. Riesce a prendere palla, passarla tra le gambe, dietro la schiena, saltare e guardare il canestro un attimo prima che venga attraversato dal suo tiro, e non c'è difesa totalmente impenetrabile alle sue azioni.
E la parte diabolica? Tutti i ragazzi che giocano a basket vorrebbero imitarlo e tirano da ogni posizione, facendo arrabbiare i coach per tutti quei tiri sprecati. Perché di Steph ce n'è uno solo.

Evanston, 9/1/1936

DAN PETERSON

Probabilmente non è stato il giocatore piú bravo a Evanston, contea di Cook nello Stato dell'Illinois, ma di sicuro è uno dei coach piú famosi in Italia. Arriva alla Virtus di Bologna, dopo aver allenato negli Stati Uniti e in Cile, e anni dopo passa all'Olimpia di Milano. Dan Peterson è l'americano che ha portato il basket NBA nelle TV e nelle case italiane. «Fe-no-me-na-le». «Amici sportivi e non sportivi». il suo accento è riconoscibile già dalla prima parola e i suoi modi di dire rimbalzano ancora oggi tra i tifosi e gli appassionati, grazie alle telecronache, agli articoli e persino alle pubblicità che lo hanno visto negli anni diventare un grande personaggio televisivo.
Quando in campo non c'è piú molto da fare, perché la partita è decisa, avvisa: «Mamma, butta la pasta che i giocatori tra poco tornano a casa». Perché la Regola Peterson parla chiaro: si può recuperare un punto per ogni minuto di partita che manca alla sirena finale, non di piú.
Con i suoi *well* ci ha fatto conoscere meglio quei ragazzi che sotto canestro saltano sempre piú in alto.

SKY
11

Wilmington, 5/9/1989

ELENA DELLE DONNE

Malgrado il cognome di un bisnonno emigrato da un borgo vicino a Roma, Elena delle Donne è una tra le piú forti giocatrice statunitensi.
Dopo alcune stagioni esaltanti con la squadra del liceo, viene chiamata dalla squadra dell'Università del Connecticut, ma scappa via e ritorna a casa. Il ritiro improvviso e senza spiegazioni, di quella che doveva essere la nuova stella della squadra femminile che non perde mai, scatena tra i tifosi una serie di voci su fidanzati irresistibili che la vogliono accanto, nostalgia della mamma, papà oppressivo e complotti di coach.
La verità è che Elena non riesce a stare lontana da Lizzie, la sorella maggiore. Appena arriva a casa si abbracciano e si salutano senza dirsi nemmeno una parola. Parlano una loro lingua segreta, basata sul tatto e sull'olfatto, perché a causa di una paralisi cerebrale Lizzie non può né sentire né vedere.
Un anno dopo il ritiro, il mistero è svelato e la giocatrice piú forte, dal cuore piú grande, accetta di giocare per un'università meno importante, ma piú vicina a casa. E a Lizzie.

Alano di Piave, 18/1/1950

DINO MENEGHIN

Durante una partita tra scuole il prof di ginnastica punta lo sguardo esperto sugli spalti, dove un ragazzo alto con un grosso campanaccio tra le mani e un largo cappotto sta facendo un tifo indiavolato. Gli si avvicina per chiedergli se abbia mai giocato a basket.

– No, però mi piace il caos che c'è qui.

Il prof lo blocca, prima che riprenda a suonare quel terribile strumento.

– Prova a fare un paio di corse a bordo campo, senza toglierti il cappotto, tanto per vedere come ti muovi.

Le corse, con il cappotto svolazzante, vanno bene.

– Da domani inizi a giocare a basket con la giovanile della Ignis Varese. Ti alleno io.

Il ragazzo è Dino Meneghin e quando torna a casa chiede a sua madre di comprargli delle scarpe da basket. Giocherà per Varese, Milano, in nazionale e finirà nell'americana Hall of Fame.

Sorridente e simpatico fuori dal campo, durante il gioco è un guerriero che non cede un centimetro all'avversario. Ai numerosi trofei può aggiungere due menischi saltati, fratture alla mano, al braccio e alla caviglia, piú il naso rotto due volte. E un campanaccio.

SIMAC

6
ITALIA

Teramo, 24/9/1991

SIMONE DE MAGGI

Chi inizia a giocare a basket a quindici anni vuole recuperare in fretta il tempo perduto. E cosí Simone de Maggi passa i pomeriggi tra studio, amici e palestra, con impegno e passione, fino ad arrivare in Under 19.

C'è un fastidioso dolore alla caviglia che da qualche giorno non lo abbandona, ma chi ha giocato conosce bene ematomi, dita gonfie, caviglie doloranti e Simone a diciassette anni non si preoccupa: lo mette tra le cose che prima o poi si risolveranno da sole. Invece non passa.

All'ospedale di Bologna scopre di avere un tumore osseo e la sua vita precipita in un buco nero: dolorose terapie, lontano da casa e lontano dagli amici, fino all'amputazione di una gamba.

Tutto sembra finito. Ma la magia del basket lo chiama, con una voce sconosciuta. Scopre il basket in carrozzina, con le sue diversità tecniche e il palleggio in folle corsa su due ruote, un nuovo brivido e ancora gioia.

Ci sono uomini che non hanno paura di cadere, perché sanno rialzarsi.

Simone si è rialzato ed è diventato capitano della nazionale italiana di basket in carrozzina.

San Giovanni in Persiceto,
25/3/1986

MARCO BELINELLI

Ricordo bene l'estate del 2010. Sono al mare con i miei figli e alcuni loro amici, quando gli azzurri incontrano la Croazia a Parenzo.

Partita amichevole: l'Italia gioca malino e perde.

Quando i giocatori escono, parte l'assalto fuori dagli spogliatoi per autografi e foto. Firmano tutti e firmano tutto quello che viene messo loro sotto al naso: blocchetti, foglietti, cartoline, adesivi. Si mettono in posa, un po' contro sole, e io faccio del mio meglio con una piccola macchina fotografica.

Mentre tornano verso il pullman, guardo le foto, e quella di gruppo è venuta proprio male. Sono un fotografo scarso e i miei figli concordano.

Anche uno dei giocatori controlla la foto. Lancia un urlo e richiama tutti indietro per rimetterli in posa. Io penso stia scherzando: hanno appena perso una partita, ma al secondo richiamo tutti tornano.

Quando penso a Marco Belinelli, prima ancora di avere in mente il campione NBA che non si arrende mai, il gioco ragionato o il titolo NBA vinto con gli Spurs, mi viene in mente il suo richiamo per quella foto. E penso: «Basket è meglio».

BULLS
8

LAKERS
32

Baltimora, 9/1/1965

TYRONE BOGUES

Tyrone «Mugssy» Bogues cresce nelle case popolari di Baltimora, e lí per un piccoletto di un metro e sessanta sapersi difendere da quelli piú grandi non è un hobby. Cosí Short Man sceglie come primo sport la lotta, in palestra e per le strade. Risolti un po' di conti in sospeso, passa al basket, la sua sfida piú grande, e diventa la dimostrazione vivente che essere alti aiuta, ma non è tutto.

A chi gli chiede quanto gli pesi essere il giocatore piú basso dell'NBA risponde, facendosi fotografare accanto a Manute Bol (2,31 metri): – Non ho mai fatto caso all'altezza, io sono occupato a giocare.

Tra i grandissimi campioni che ha incontrato ci sono quelli del film *Space Jam*, dove in campo, oltre a Michael Jordan, Larry Bird e Charles Barkley, può contare sull'aiuto di Duffy Duck e di altri personaggi dei cartoni.

Chi almeno una volta l'ha visto rubare palla, sgusciare via e andare in contropiede non può che commentare: «E quello chi lo prende?».

Shanghai, 12/9/1980

YAO MING

Nella piscina di pallanuoto a Shanghai, in Cina, un bambino di nove anni, alto un metro e sessantacinque e con il 41 di scarpe, invece di nuotare cammina. Le mamme degli altri nuotatori protestano e al piccolo Yao Ming non resta che cambiare sport e passare al basket.
Gli Houston Rockets lo hanno voluto con loro nell'NBA, ma sono rimasti delusi: impacciato in campo, frastornato in partita, è sembrato un colossale bidone, incapace persino di imparare a guidare l'auto. Charles Barkley, ex giocatore della stessa squadra, ha promesso di baciare il sedere di un asino se Yao Ming fosse riuscito a fare qualcosa di buono.
Lui non si è arreso e ha raggiunto una media di 83 per cento nei tiri liberi, mentre il vecchio Charles ha dovuto incontrare l'asino Kenny in TV e salutarlo con un timido bacetto.
Problemi fisici hanno costretto questa Muraglia Cinese ad abbandonare il basket americano dopo solo nove anni, per la disperazione dei tifosi di Houston. Le uniche a provare un certo sollievo sono state le auto del parcheggio dei Rockets, dove Yao ha cercato di imparare a guidare.

ROCKETS
11

JAY MULLEN

Uganda, 1972. L'Unione Sovietica ha convinto il crudele dittatore Amin ad appoggiarla nella guerra di spie contro gli Stati Uniti e i campioni sovietici incontrano i nuovi alleati in una partita amichevole. Jay Mullen, arrivato in Africa per insegnare all'università, è un allenatore dilettante, ma ci mette tutto il cuore e i polmoni. I suoi giocatori non sono professionisti, hanno divise scompagnate, molto entusiasmo e poca tecnica. Contro i campioni stranieri possono fare ben poco.

Quando gli avversari iniziano a umiliarli, anche perché gli arbitri per paura fanno finta di non vedere molti falli, Jay si precipita in campo e li affronta naso contro naso.

Vincono i professionisti, ma i torturatori di Amin si segnano il nome di quel coach pericoloso che però sfugge loro di mano, senza nemmeno salutare la sua squadra del cuore.

Perché vi ho raccontato questa storia? Perché il coach della squadra dell'Uganda era in realtà un agente segreto, che avrebbe dovuto controllare i movimenti dei sovietici senza farsi notare. Ma a un certo punto il basket ha avuto il sopravvento.

CAMPIONI

1 CAMPIONI DEL CALCIO
DI IERI E DI OGGI

2 CAMPIONI DEL BASKET
DI IERI E DI OGGI

3 CAMPIONI DELL'AUTOMOBILISMO
DI IERI E DI OGGI

4 CAMPIONI DELLA DANZA
DI IERI E DI OGGI

Finito di stampare nel mese di febbraio 2018
per conto delle Edizioni EL
presso G. Canale & C. S.p.A., Borgaro Torinese (To)

35

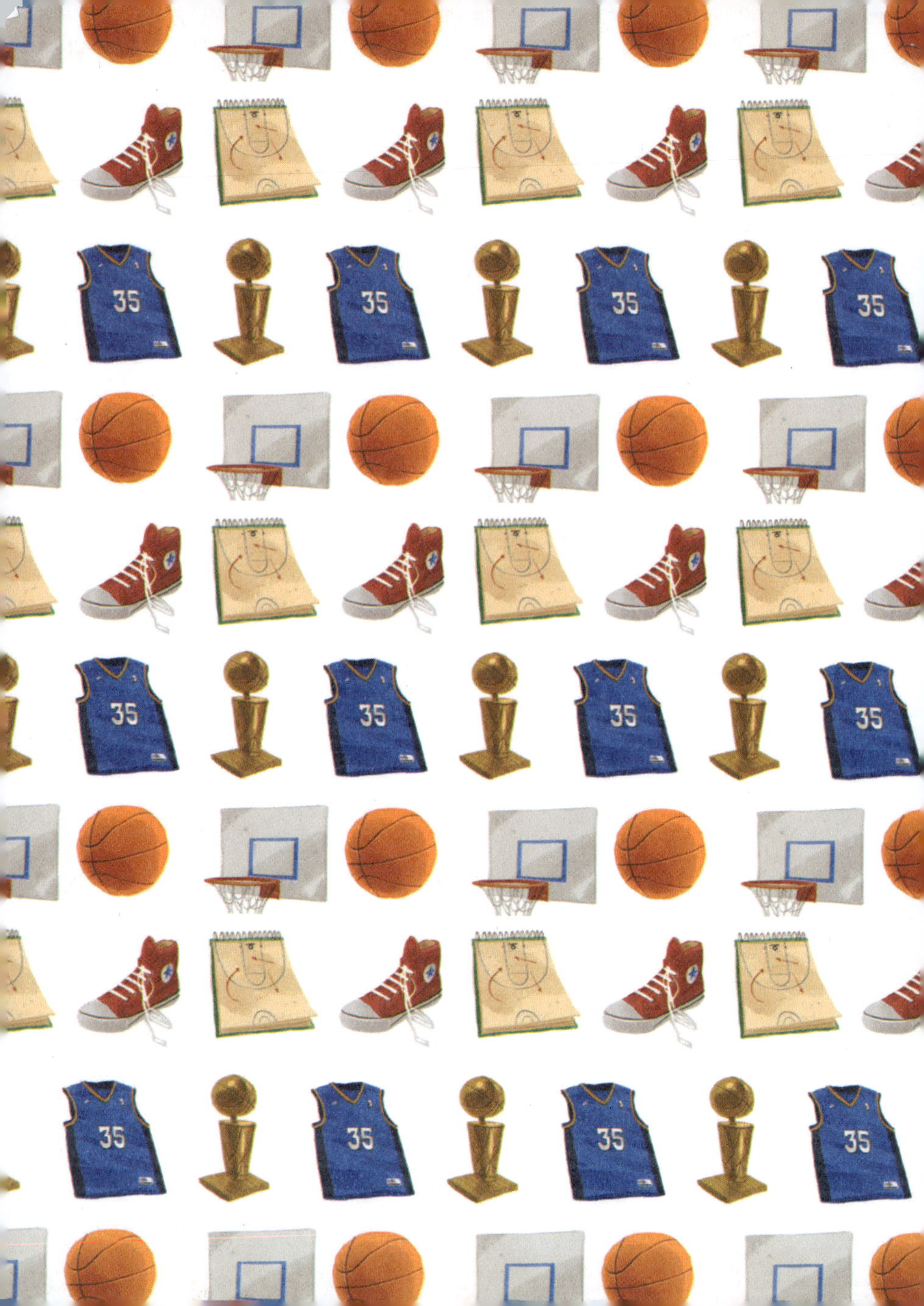
35